Impressum
Verlag: BABADADA GmbH, Nedderfeld 112 , 22529 Hamburg
Geschäftsführer / Verlagsleitung: Harald Hof
Druck: Books on Demand GmbH, In de Tarpen 42, 22848 Norderstedt

Imprint
Publisher: BABADADA GmbH, Nedderfeld 112 , 22529 Hamburg, Germany
Managing Director / Publishing direction: Harald Hof
Print: Books on Demand GmbH, In de Tarpen 42, 22848 Norderstedt

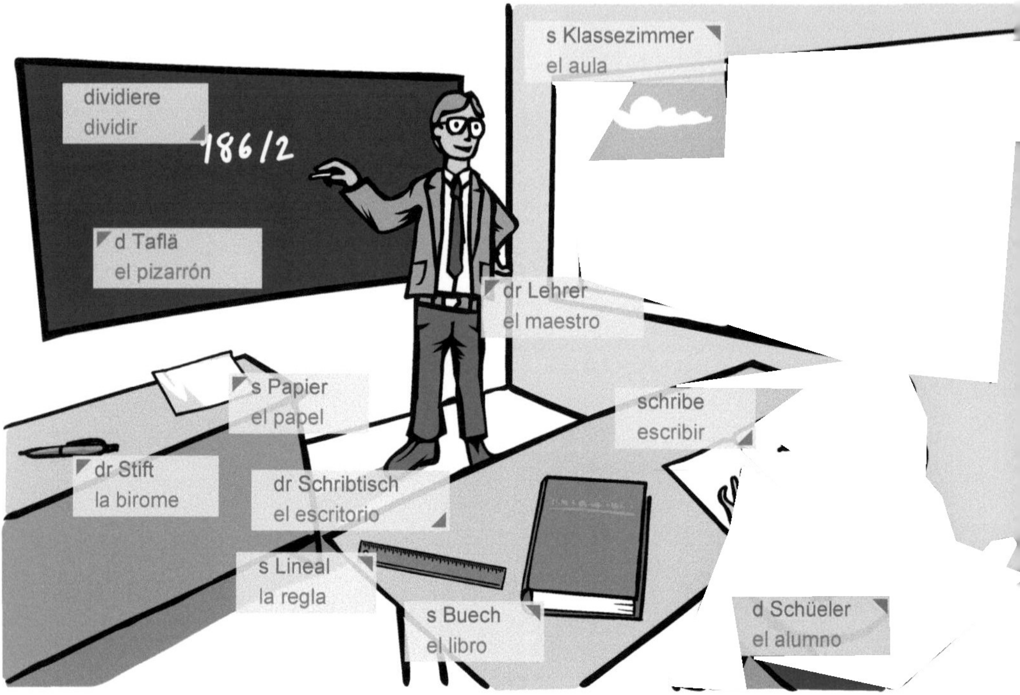

s Klassezimmer
el aula

dividiere
dividir

186/2

d Taflä
el pizarrón

dr Lehrer
el maestro

s Papier
el papel

schribe
escribir

dr Stift
la birome

dr Schribtisch
el escritorio

s Lineal
la regla

s Buech
el libro

d Schüeler
el alumno

dr Thek

la mochila

s Etui

la caja de lápices

dr Bleistift

el lápiz

dr Spitzer

el sacapuntas

s Radiergummi

la goma (de borrar)

dr Zeicheblock

el bloc de dibujo

d Zeichnig

el dibujo

dr Pinsel

el pincel

dr Malchaschte

la caja de pinturas

d Schär

la tijera

dr Liim

el pegamento

s Üebigsheft

el cuaderno de ejercicios

d Huusufgabe

la tarea

d Zahl

el número

2+2

addiere

sumar

5-2

subtrahiere

restar

multipliziere

multiplicar

rächne

calcular

dr Buechstabe

la letra

s Alphabet

el abecedario

s Wort

la palabra

dr Text

el texto

läse

leer

d Kriide

la tiza

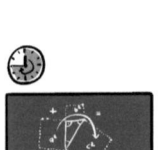

d Lektion

la lección

s Klassäbuech

el cuaderno de clase

d Prüefig

el examen

s Zügnis

el certificado

d Schueluniform

el uniforme escolar

d Usbildig

la educación

d Enzyklopädie

la enciclopedia

d Universität

la universidad

s Mikroskop

el microscopio

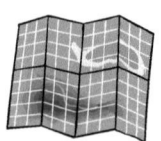

d Charte

el mapa

dr Papierchorb

el tacho (de basura)

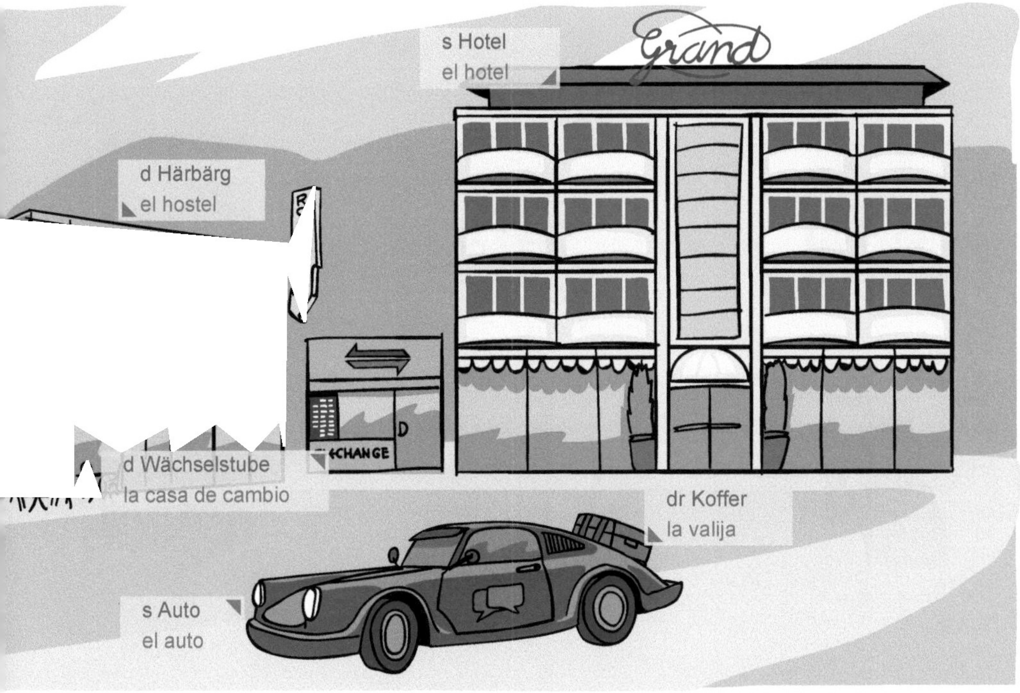

s Hotel
el hotel
Grand
d Härbärg
el hostel
EXCHANGE
d Wächselstube
la casa de cambio
dr Koffer
la valija
s Auto
el auto

d Sprach

el idioma

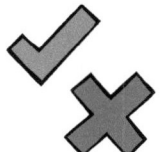

jo / nei

sí / no

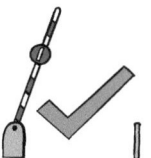

okay

Está bien

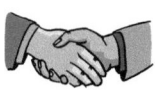

Hallo

hola

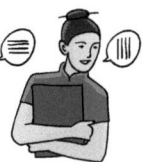

dr Dolmetscher

el traductor

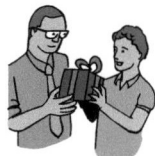

Dankä

Gracias

Was chostet...?

¿cuánto cuesta...?

Ich vrstahs nöd

No entiendo

s Problem

el problema

Guete Abig!

¡Buenas tardes!

guete Morgä!

¡Buenos días!

guete Abig!

¡Buenas noches!

Uf Wiederseh

el adiós

d Richtig

la dirección

s Bagaasch

el equipaje

d Täsche

el bolso

dr Rucksack

la mochila

dr Gast

el invitado

dr Ruum

la habitación

dr Schlafsack

la bolsa de dormir

s Zält

la carpa

d Touristeninformation

la información turística

dr Strand

la playa

d Kreditkarte

la tarjeta de crédito

s Zmorge

el desayuno

s Zmittag

el almuerzo

s Znacht

la cena

s Billet

el pasaje

dr Ufzug

el ascensor

d Briefmarke

el sello

d Gränze

la frontera

dr Zoll

la aduana

d Botschaft

la embajada

s Visum

la visa

dr Pass

el pasaporte

el transporte

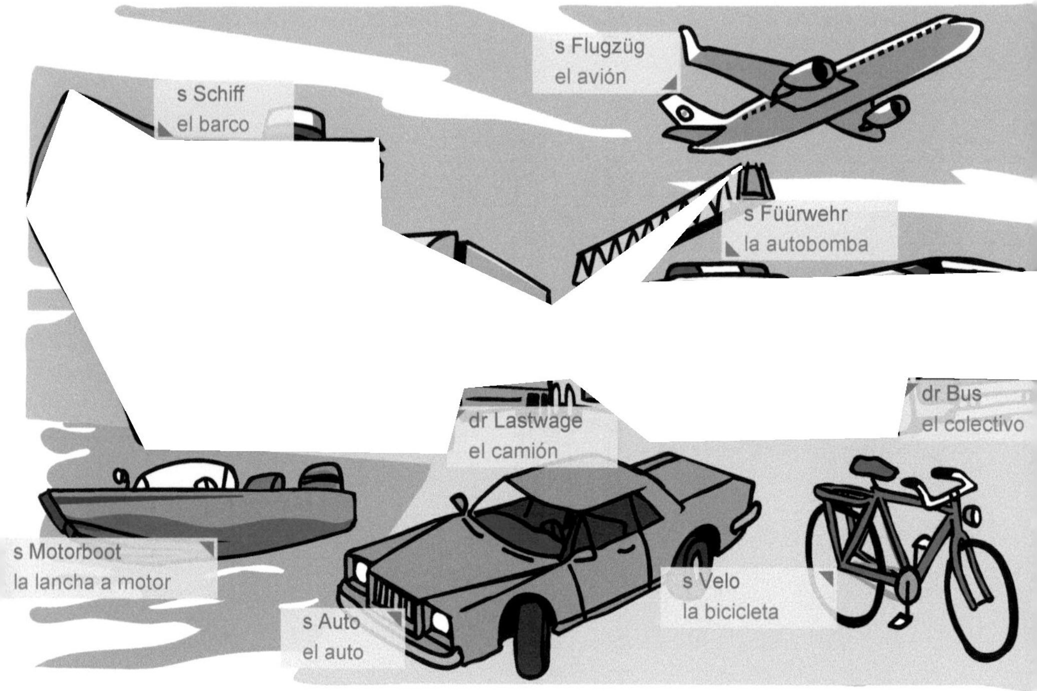
s Flugzüg
el avión
s Schiff
el barco
s Füürwehr
la autobomba
dr Lastwage
el camión
dr Bus
el colectivo
s Motorboot
la lancha a motor
s Auto
el auto
s Velo
la bicicleta

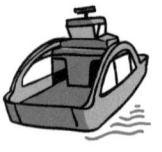

d Fähri

el ferry

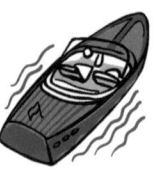

s Boot

el bote

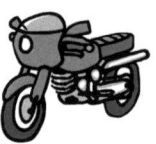

s Töff

la moto

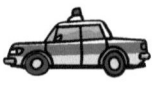

s Polizeiauto

el patrullero

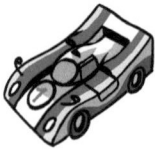

s Rännauto

el auto de carreras

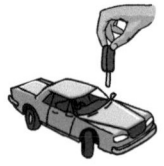

dr Mietwage

el auto de alquiler

s Carsharing

el alquiler de autos

dr Abschleppwage

la grúa

dr Chübelwage

el camión de la basura

dr Motor

el motor

s Benzin

la nafta

d Tankstell

la estación de servicio

s Verkehrsschild

la señal de tránsito

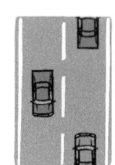

dr Verchehr

el tránsito

dr Stau

el embotellamiento

dr Parkplatz

el estacionamiento

dr Bahnhof

la estación de tren

d Schiene

las vías

dr Zug

el tren

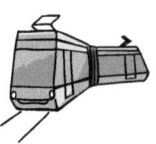

d Strassebahn

el tranvía

dr Wagon

el vagón

dr Helikopter
el helicóptero

dr Flughafe
el aeropuerto

dr Tower
la torre

dr Passagier
el pasajero

dr Container
el contenedor

dr Karton
la caja de cartón

dr Chare
la carretilla

dr Korb
la canasta

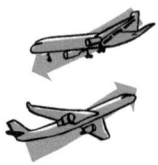

starte / lande
despegar / aterrizar

la ciudad

s Dorf
el pueblo

s Stadtzentrum
el centro de la ciudad

s Huus
la casa

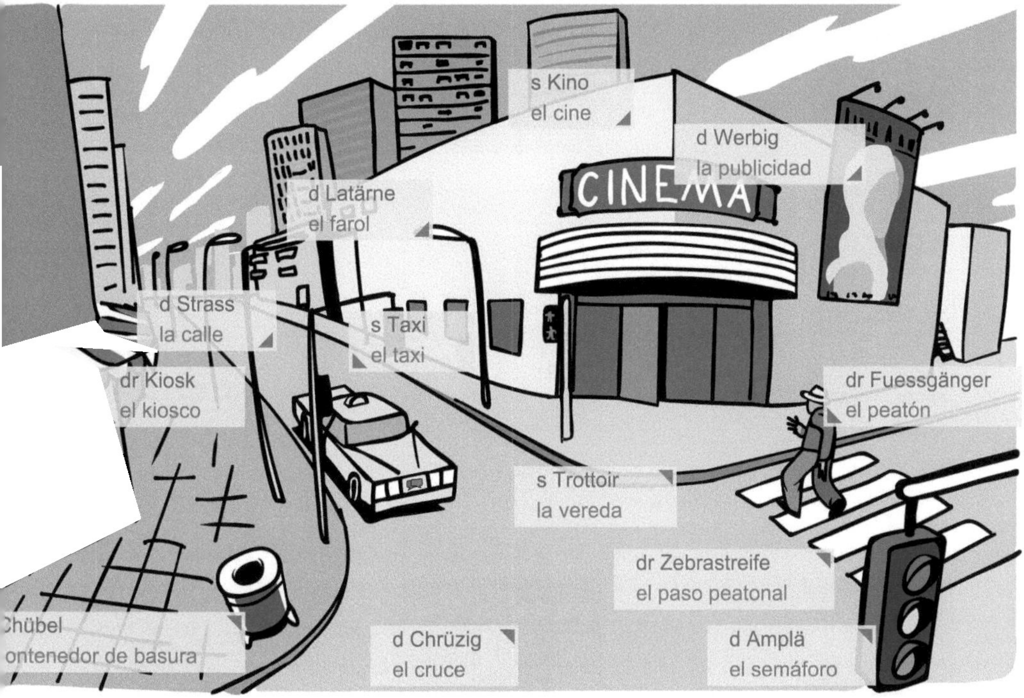

s Kino
el cine

d Werbig
la publicidad

d Latärne
el farol

d Strass
la calle

s Taxi
el taxi

dr Kiosk
el kiosco

dr Fuessgänger
el peatón

s Trottoir
la vereda

dr Zebrastreife
el paso peatonal

Chübel
ontenedor de basura

d Chrüzig
el cruce

d Amplä
el semáforo

d Hütte

la cabaña

d Wohnig

el departamento

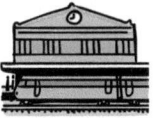

dr Bahnhof

la estación de tren

s Gmeindshuus

la municipalidad

s Museum

el museo

d Schuel

el colegio

d Stadt - la ciudad

11

d Universität

la universidad

d Bank

el banco

s Spital

el hospital

s Hotel

el hotel

d Apotheke

la farmacia

s Büro

la oficina

s Buechgschäft

la librería

s Gschäft

el negocio

dr Bluemelade

la florería

dr Läbensmittellade

el supermercado

dr Märt

el mercado

s Chaufhuus

las grandes tiendas

dr Fischhändler

la pescadería

s lihkaufszentrum

el centro comercial

dr Hafe

el puerto

dr Park
el parque

d Bank
el banco

d Brugg
el puente

d Stäge
las escaleras

d U-Bahn
el subte

dr Tunnell
el túnel

d Bushaltestell
la parada del colectivo

d Bar
el bar

s Restaurant
el restaurante

dr Briefchastä
el buzón

s Strasseschild
el letrero

d Parkuhr
el parquímetro

dr Zolli
el zoológico

d Badi
la pileta

d Moschee
la mezquita

dr Buurehof

la granja

d Umwältvrschmutzig

la contaminación

dr Fridhof

el cementerio

d Chile

la iglesia

dr Spielplatz

los juegos infantiles

dr Tämpel

el templo

el paisaje

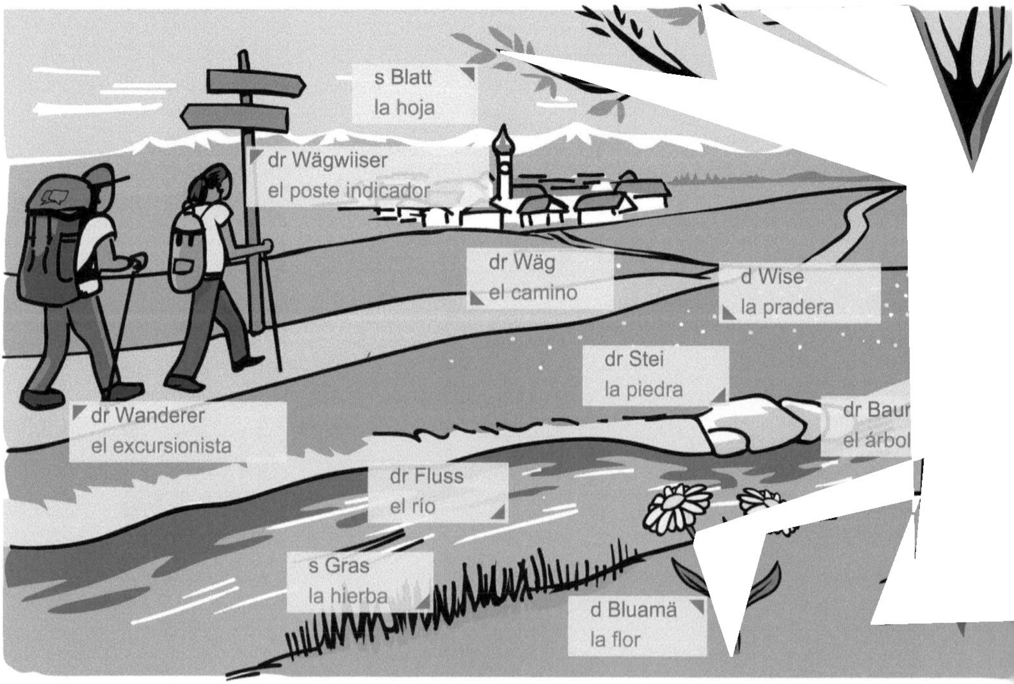

s Blatt
la hoja

dr Wägwiiser
el poste indicador

dr Wäg
el camino

d Wise
la pradera

dr Stei
la piedra

dr Baur
el árbol

dr Wanderer
el excursionista

dr Fluss
el río

s Gras
la hierba

d Bluamä
la flor

d Landschaft - el paisaje

s Tal

el valle

dr Bärg

la montaña

dr See

el lago

dr Wald

el bosque

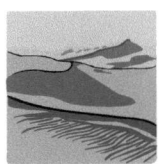

d Wüeschti

el desierto

dr Vulkan

el volcán

s Schloss

el castillo

dr Rägeboge

el arco iris

dr Pilz

el champiñón

d Palme

la palmera

dr Moskito

el mosquito

d Fliege

la mosca

d Ameise

la hormiga

s Biendli

la abeja

d Spinne

la araña

dr Chäfer

el escarabajo

dr Frosch

la rana

s Eichhörnli

la ardilla

dr Igel

el erizo

dr Haas

la liebre

d Üle

la lechuza

d Vogu

el pájaro

dr Schwan

el cisne

s Wildschwein

el jabalí

dr Hirsch

el ciervo

dr Elch

el alce

dr Damm

la presa

d Windturbine

el aerogenerador

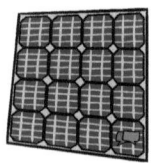

dr Sunnekollektor

el panel solar

s Klima

el clima

el restaurante

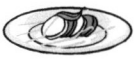

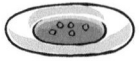

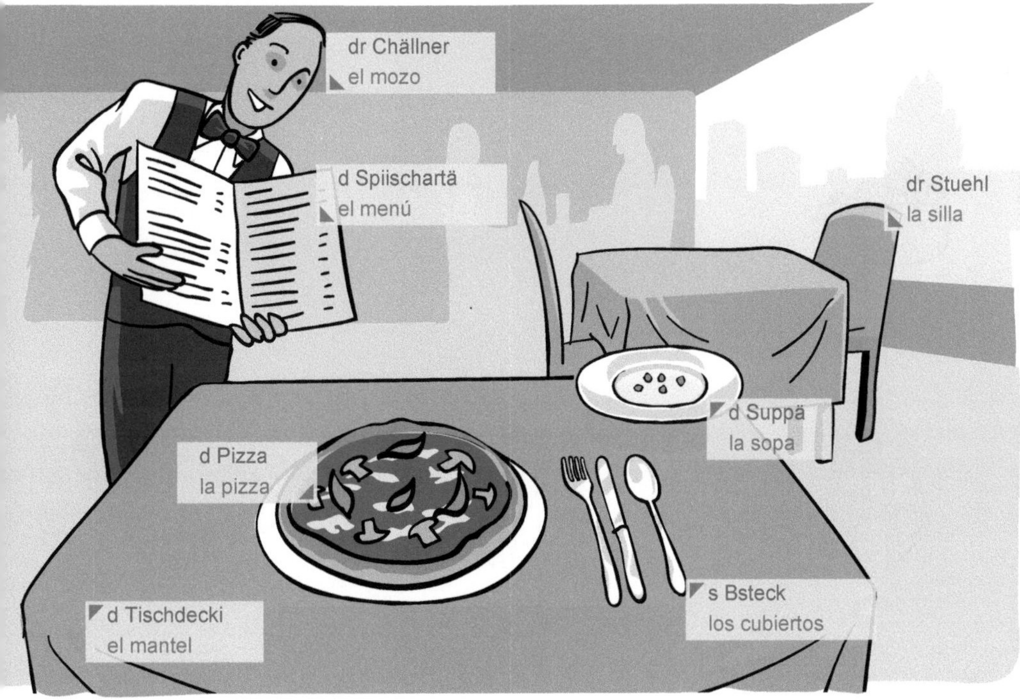
dr Chällner
el mozo
d Spiischartä
el menú
dr Stuehl
la silla
d Suppä
la sopa
d Pizza
la pizza
s Bsteck
los cubiertos
d Tischdecki
el mantel

d Vorspiies

la entrada

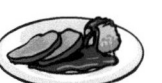

s Hauptgricht

el plato principal

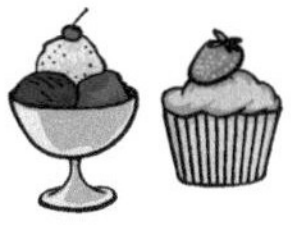

s Dessert

el postre

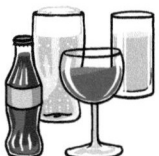

s Getränk

las bebidas

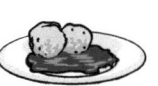

d Läbensmittel

la comida

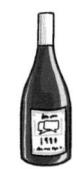

d Fläsche

la botella

s Fast Food

la comida rápida

s Street Food

la comida callejera

d Teechanne

la tetera

d Zuckerdosä

la azucarera

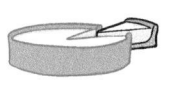

d Portion

la porción

d Espressomaschine

la cafetera expreso

dr Hochstuehl

la sillita alta

d Rächnig

la cuenta

s Tablett

la bandeja

s Mässer

el cuchillo

d Gable

el tenedor

dr Löffel

la cuchara

dr Teelöffel

la cucharita

d Serviette

la servilleta

s Glas

el vaso

dr Täller

el plato

dr Suppetällär

el plato hondo

d Untertasse

el plato

d Sose

la salsa

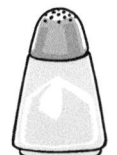

dr Salzstreuer

el salero

d Pfäffermühli

el molinillo de pimienta

dr Essig

el vinagre

s Öl

el aceite

d Gwürz

las especias

ds Ketchup

el kétchup

dr Sänf

la mostaza

d Mayonnaise

la mayonesa

el supermercado

s Ahgebot
la oferta especial
dr Chund
el cliente
d Milchprodukt
los lácteos
FOR
d Frücht
la fruta
dr Iichaufswage
el changuito

BUTCHERS

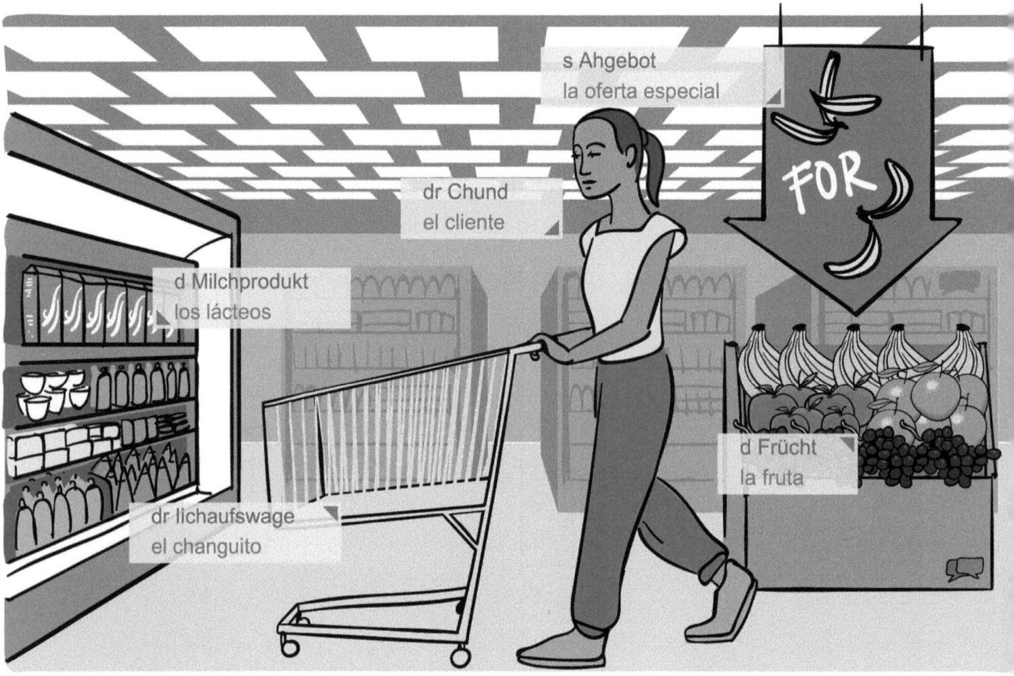

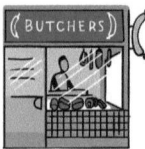

dr Schlachter

la carnicería

BAKERY

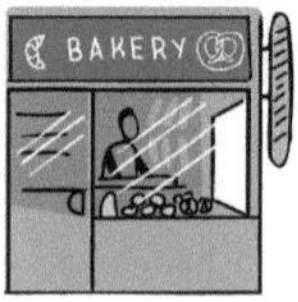

dr Beck

la panadería

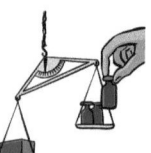

wiege

pesar

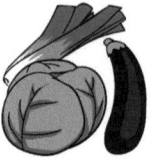

s Gmües

las verduras

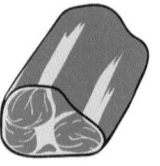

s Fleisch

la carne

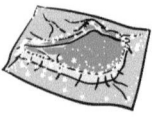

d Tiefkühlprodukt

los alimentos congelados

dr Ufschnitt

los fiambres

d Konsärve

los alimentos enlatados

s Wöschmittel

el detergente en polvo

d Süessigkeite

las golosinas

d Huushaltartikel

los electrodomésticos

s Putzmittel

los productos de limpieza

d Verchäuferin

la vendedora

d Kassä

la caja

dr Kassierer

el cajero

d Ihchaufsliste

la lista de compras

d Öffnigszite

el horario de atención

s Portemonnaie

la billetera

d Kreditkarte

la tarjeta de crédito

d Täsche

la cartera

dr Plastiksack

la bolsa de plástico

las bebidas

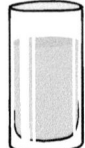

s Wasser

el agua

dr Saft

el jugo

d Milch

la leche

d Cola

la bebida cola

dr Wii

el vino

s Bier

la cerveza

dr Alkohol

el alcohol

s Ovi

el cacao

dr Tee

el té

dr Kafi

el café

dr Espresso

el café expreso

dr Cappuccino

el cappuccino

d Banane

la banana

dr Öpfel

la manzana

d Orange

la naranja

d Melone

el melón

d Zitrone

el limón

s Rüebli

la zanahoria

dr chnoobli

el ajo

dr Bambus

el bambú

d Zwiblä

la cebolla

dr Pilz

el champiñón

d Nüss

las nueces

d Nudle

los fideos

d Spaghetti

los tallarines

dr Riis

el arroz

dr Salat

la ensalada

d Pommfrit

las papas fritas

d Bratherdöpfel

las papas fritas

d Pizza

la pizza

dr Hamburgär

la hamburguesa

s Sandwich

el sándwich

s Gotlett

el churrasco

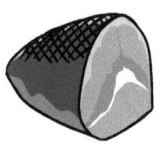

dr Schinkä

el jamón

d Salami

el salame

s Würschtli

la salchicha

s Huehn

el pollo

dr Bratä

el asado

dr Fisch

el pescado

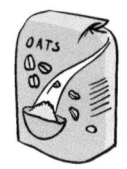

d Haferflocke

los copos de avena

s Müesli

el muesli

d Cornflakes

los copos de maíz

s Mähl

la harina

s Gipfeli

la medialuna

s Brötli

el pancito

s Brot

el pan

dr Toscht

la tostada

s Guetzli

las galletitas

d Butter

la manteca

dr Quark

la cuajada

dr Chueche

la torta

s Ei

el huevo

s Spiegelei

el huevo frito

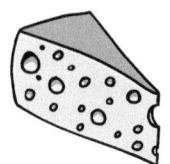

dr Chäs

el queso

d Glace

el helado

dr Zucker

el azúcar

dr Honig

la miel

d Gonfi

la mermelada

d Nougat-Creme

la pasta de chocolate

s Curry

el curry

la granja

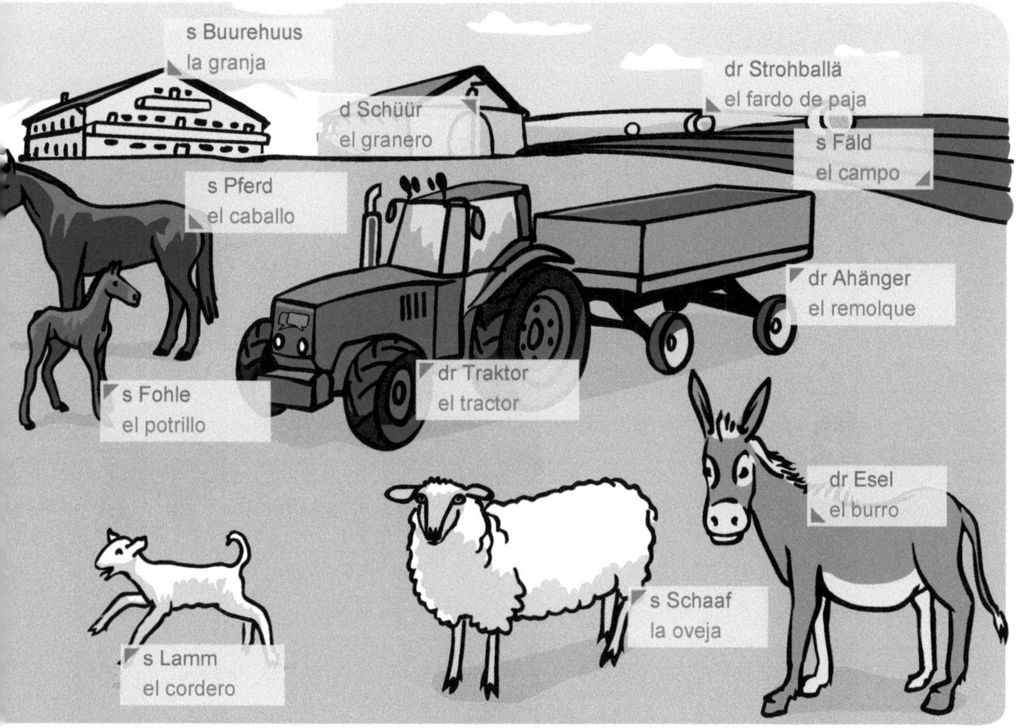
s Buurehuus
la granja
dr Strohballä
el fardo de paja
d Schüür
el granero
s Fäld
el campo
s Pferd
el caballo
dr Ahänger
el remolque
dr Traktor
el tractor
s Fohle
el potrillo
dr Esel
el burro
s Schaaf
la oveja
s Lamm
el cordero

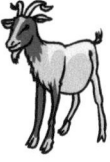

d Geiss

la cabra

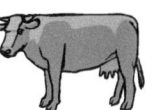

d Chueh

la vaca

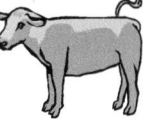

s Chalb

el ternero

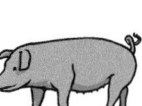

d Sau

el cerdo

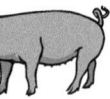

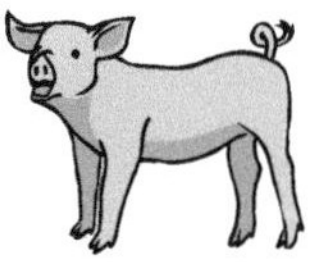

s Ferkel

el lechón

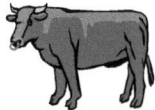

s Rind

el toro

d Gans

el ganso

d Änte

el pato

s Küke

el pollo

s Huähn

la gallina

dr Güggel

el gallo

d Ratte

la rata

d Chatz

el gato

d Muus

el ratón

dr Ochse

el buey

dr Hund

el perro

d Hundehütte

la cucha

dr Garteschluuch

la manguera

d Giesschanne

la regadera

d Sägese

la guadaña

dr Pflueg

el arado

d Sichel

la hoz

d Hacke

la azada

d Heugable

la horquilla

d Axt

el hacha

d Garette

la carretilla

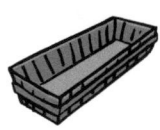

dr Trog

el abrevadero

d Milchchanne

la lechera

dr Sack

la bolsa

dr Haag

la reja

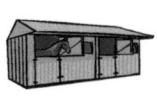

dr Gadä

el establo

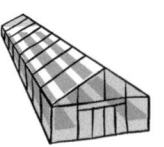

s Gwächshuus

el invernadero

dr Bode

el suelo

dr Soome

la semilla

dr Dünger

el fertilizador

dr Mähdrescher

la cosechadora

ärnte
....
cosechar

d Ärnte
....
la cosecha

d Yamswurzle
....
las batatas

dr Weize
....
el trigo

s Soja
....
la soja

dr Härdöpfel
....
la papa

dr Mais
....
el maíz

dr Raps
....
la semilla de colza

dr Obstbaum
....
el árbol frutal

dr Maniok
....
la mandioca

s Getreide
....
los cereales

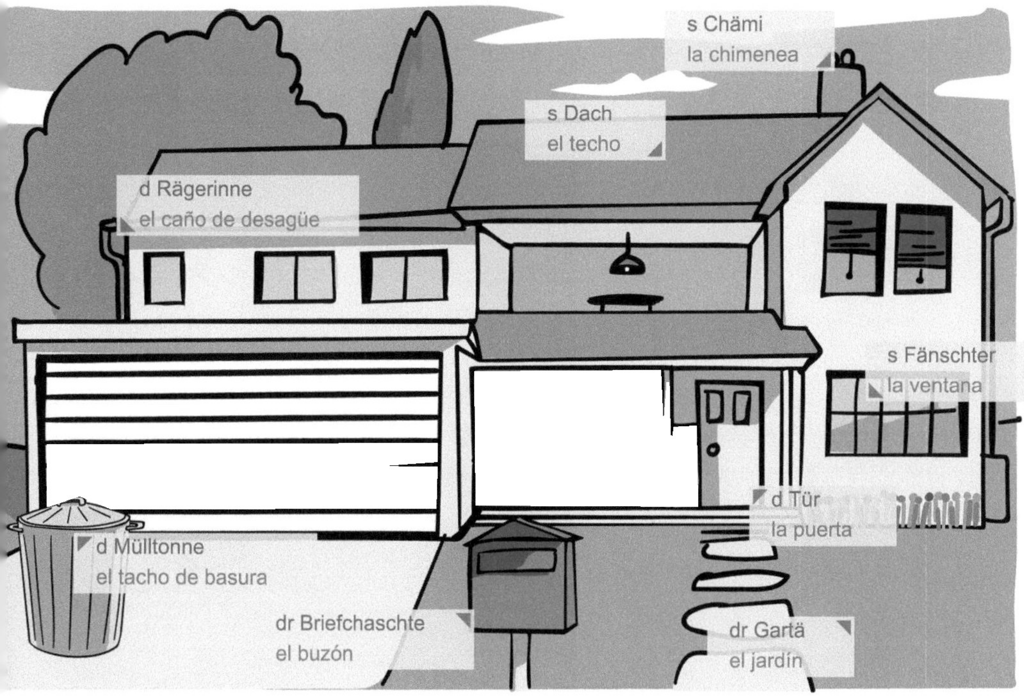

s Chämi
la chimenea

s Dach
el techo

d Rägerinne
el caño de desagüe

s Fänschter
la ventana

d Tür
la puerta

d Mülltonne
el tacho de basura

dr Briefchaschte
el buzón

dr Gartä
el jardín

s Stubä

el living

s Badzimmer

el baño

d Chuchi

la cocina

s Schlofzimmer

el dormitorio

s Chinderzimmer

el cuarto de los chicos

s Ässzimmer

el comedor

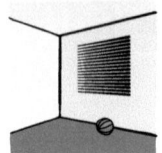

dr Bodä
....
el piso

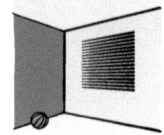

d Wand
....
la pared

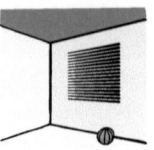

d Decki
....
el cielorraso

dr Chäller
....
el sótano

d Sauna
....
el sauna

dr Balkon
....
el balcón

d Terasse
....
la terraza

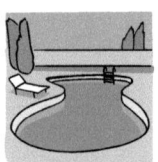

s Pool
....
la pileta

dr Rasemäier
....
la cortadora de pasto

dr Bettbezug
....
la sábana

d Bettdecki
....
el acolchado

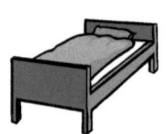

s Bett
....
la cama

dr Bäse
....
la escoba

dr Chübel
....
el balde

dr Schalter
....
el interruptor

el living

d Tapete
el empapelado
s Bild
la imagen
d Lampä
la lámpara
s Regal
el estante
dr Schrank
el armario
dr Färnseh
la televisión
dr Kamin
la chimenea
d Bluamä
la flor
s Chüssi
el almohadón
s Sofa
el sofá
d Vasä
el florero
d Färnbedienig
el control remoto

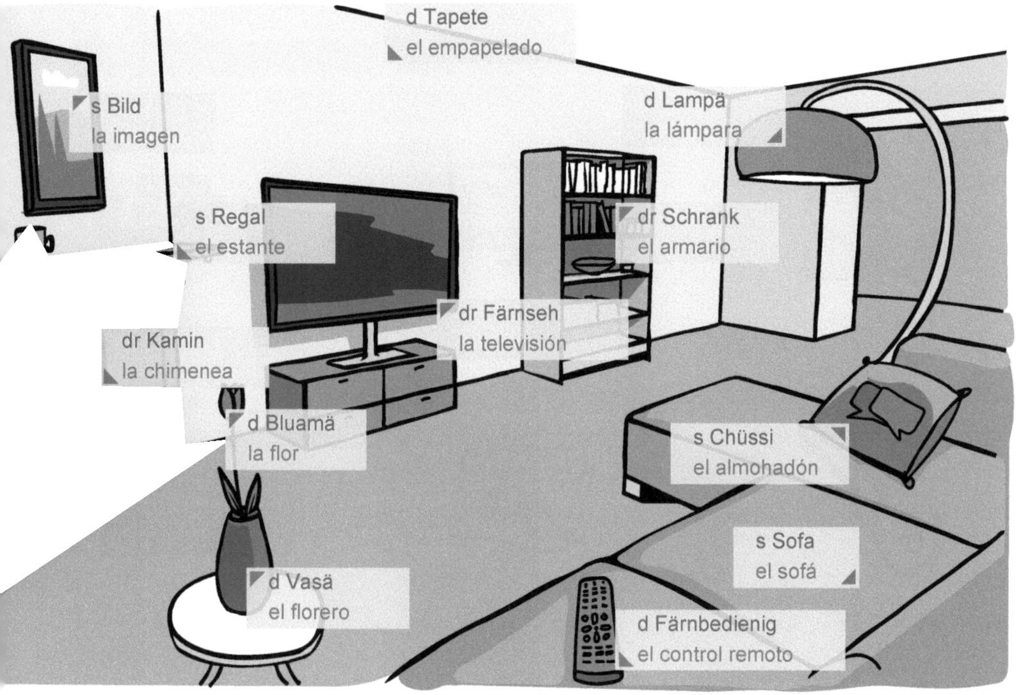

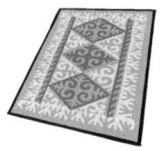

dr Teppich

la alfombra

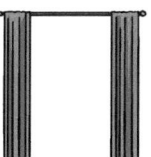

dr Vorhang

la cortina

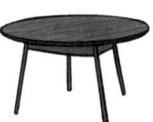

dr Tisch

la mesa

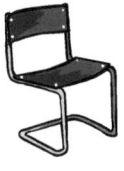

dr Stuehl

la silla

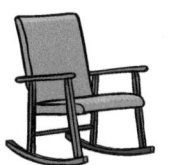

dr Schaukelstuehl

la mecedora

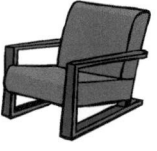

dr Sässel

el sillón

s Buech

el libro

d Decki

la frazada

d Dekoration

la decoración

s Füürholz

la leña

dr Film

la película

d Stereoahlag

el equipo de música

dr Schlüssel

la llave

d Ziitig

el diario

s Bild

la pintura

s Poster

el póster

s Radio

la radio

dr Notizblock

el cuaderno

dr Staubsuuger

la aspiradora

dr Kaktus

el cactus

d Chärze

la vela

la cocina

dr Chüelschrank
la heladera
d Mikrowällä
el microondas
d Chuchiwaag
la balanza de cocina
dr Toaster
la tostadora
s Wöschmittel
el detergente
dr Ofä
el horno
s Gfrierfach
el freezer
d Mülltonne
el tacho de basura
dr Gschirrspüeler
el lavaplatos

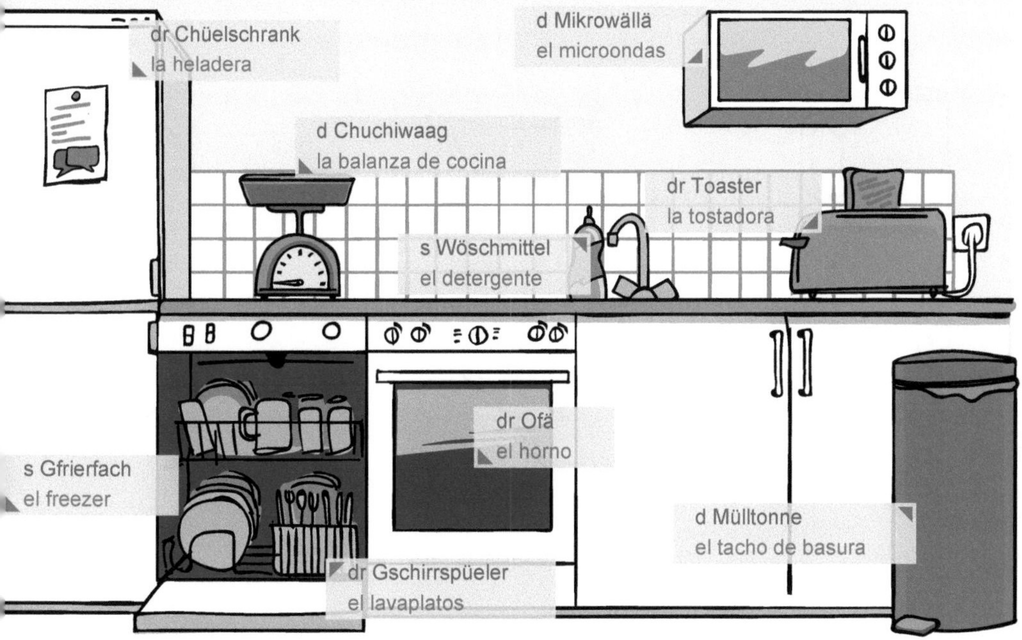

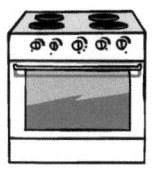

dr Härd

la cocina

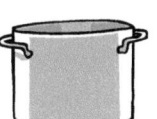

dr Topf

la olla

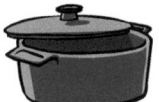

dr Iisetopf

la olla de hierro fundido

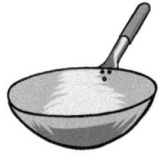

dr Wok / Kadai

el wok

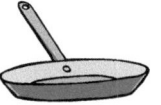

d Pfanne

la sartén

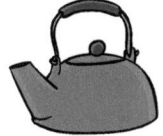

dr Wasserchocher

la pava

dr Dampfer

la vaporera

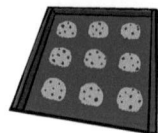

s Bachbläch

la bandeja de horno

s Gschirr

la vajilla

dr Bächer

la taza

d Schale

el bol

d Stäbli

los palitos

d Suppechellä

el cucharón

dr Pfannewänder

la espátula

dr Schneebäse

la batidora

s Sieb

el colador

s Sieb

el colador

d Raffle

el rallador

dr Mörser

el mortero

dr Grill

la parrilla

d Füürstell

la fogata

s Schniidbrätt

la tabla de picar

s Nudelholz

el palo de amasar

dr Korkäzieher

el sacacorchos

d Dosä

la lata

dr Dosäöffner

el abrelatas

dr Topflappä

la manopla

s Wöschbecki

la pileta

d Bürste

el cepillo

dr Schwumm

la esponja

dr Mixer

la batidora

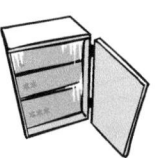

dr Gfrierschrank

el congelador

s Babyfläschli

la mamadera

dr Hahnä

la canilla

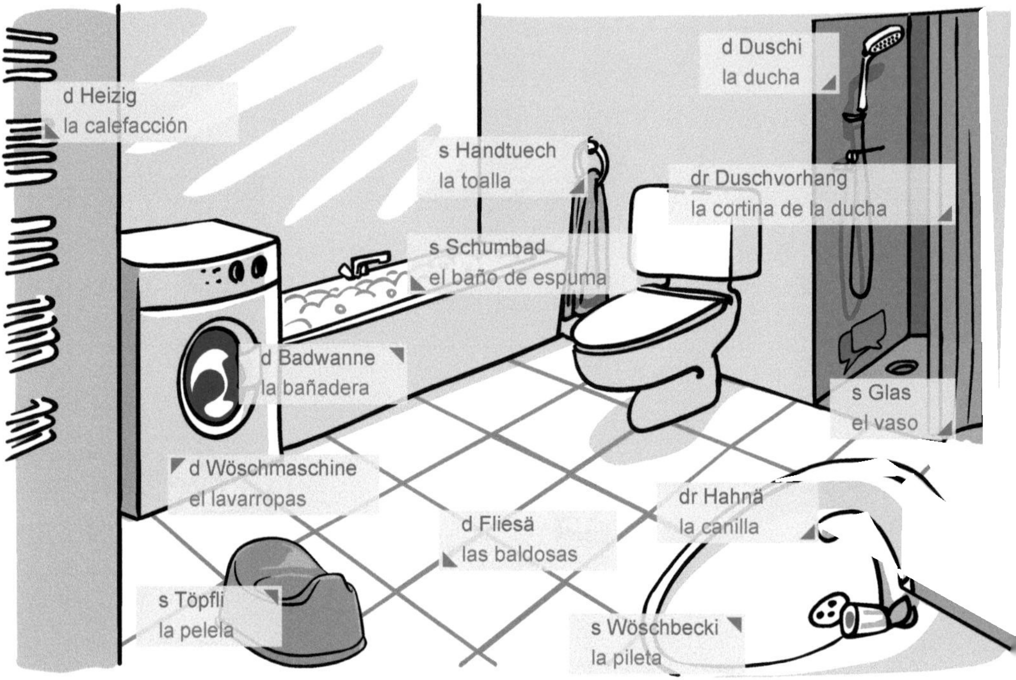

d Duschi
la ducha

d Heizig
la calefacción

s Handtuech
la toalla

dr Duschvorhang
la cortina de la ducha

s Schumbad
el baño de espuma

d Badwanne
la bañadera

s Glas
el vaso

d Wöschmaschine
el lavarropas

dr Hahnä
la canilla

d Fliesä
las baldosas

s Töpfli
la pelela

s Wöschbecki
la pileta

d Toilette
el inodoro

s Plumpsklo
la letrina

s Bidet
el bidé

s Pissoir
el mingitorio

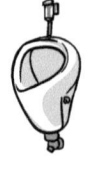

ds Toilettepapier
el papel higiénico

d Toilettebürschteli
el cepillo para el inodoro

d Zahbürstä

el cepillo de dientes

d Zahpasta

el dentífrico

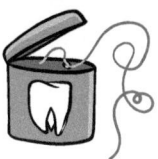

d Zahnsiide

el hilo dental

wäsche

lavar

d Handduschi

la ducha de mano

d Intiimduschi

la ducha higiénica

s Wöschbecki

la palangana

d Ruggäbürste

el cepillo para la espalda

d Seifä

el jabón

s Duschgel

el gel de ducha

s Shampoo

el shampoo

dr Waschlappä

la toallita

dr Abfluss

el desagüe

d Creme

la crema

s Deo

el desodorante

dr Spiegel

el espejo

dr Handspiegel

el espejito

dr Rasierer

la maquinita de afeitar

dr Rasierschuum

la espuma de afeitar

s Aftershave

el aftershave

dr Schträäl

el peine

d Bürstä

el cepillo

dr Föhn

el secador de pelo

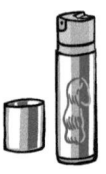

s Hoorspray

el spray

s Makeup

el maquillaje

dr Lippestift

el lápiz de labios

dr Nagellack

el esmalte para uñas

d Wattä

el algodón

d Nagelscher

la tijera para uñas

s Parfum

el perfume

s Necessaire

el portacosméticos

dr Schemel

la banqueta

d Waag

la balanza

dr Badmantel

la bata

dr Gummihändscheh

los guantes de goma

s Tampon

el tampón

d Damebinde

la toallita femenina

d chemischi Toilette

el baño químico

el cuarto de los chicos

dr Wecker
el despertador
s Kuschelltier
el peluche
s Spielzügauto
el coche de juguete
d Rassle
el sonajero
s Puppehuus
la casa de muñecas
s Gschänk
el regalo

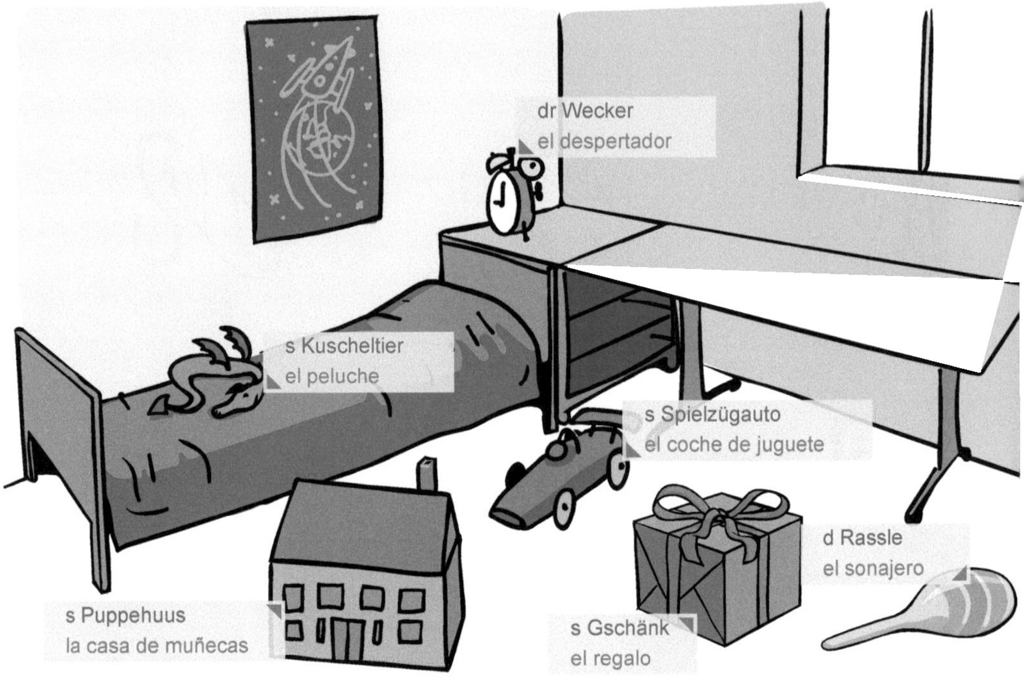

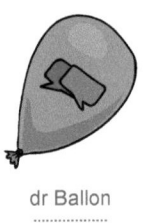

dr Ballon

....

el globo

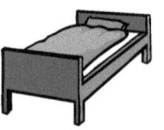

s Bett

....

la cama

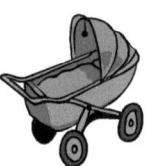

dr Chinderwage

....

el cochecito

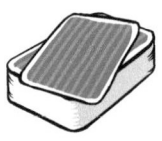

s Chartespiel

....

las cartas

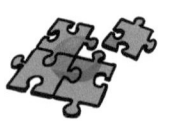

s Puzzle

....

el rompecabezas

SUPER
MEGA

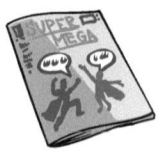

dr Comic

....

la historieta

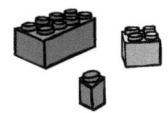

d Legos

las piezas de lego

d Baustei

los ladrillos de juguete

d Action Figur

la figura de acción

s Strampli

el enterito (de bebé)

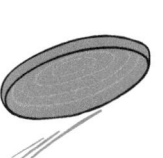

s Frisbee

el frisbee

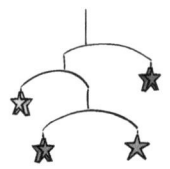

s Mobile

el móvil para bebés

s Brättspiel

el juego de mesa

dr Würfäl

los dados

d Modellisebahn

el tren eléctrico

dr Nuggi

el chupete

d Party

la fiesta

s Bilderbuch

el libro de cuentos ilustrado

dr Ball

la pelota

d Puppä

la muñeca

spiele

jugar

dr Sandchaschte

el arenero

d Gigampfi

la hamaca

s Spielzüg

los juguetes

d Videospielkonsole

la consola de videojuegos

s Dreirad

el triciclo

dr Teddy

el osito de peluche

dr Chleiderschrank

el armario

la ropa

d Sockä

las medias

d Strümpf

las medias panty

d Strumpfhosä

las calzas

dr Schal
la bufanda

dr Gürtel
el cinturón

dr Rägeschirm
el paraguas

s T-Shirt
la remera

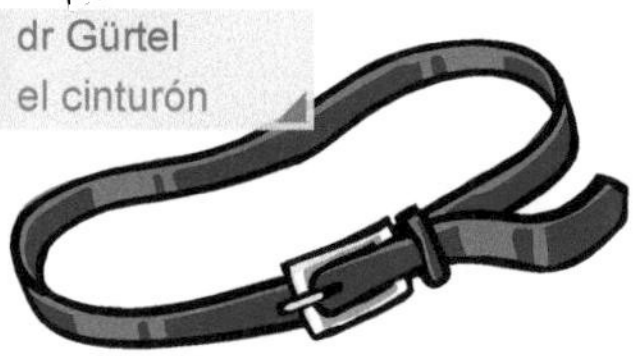

d Turnschueh
las zapatillas

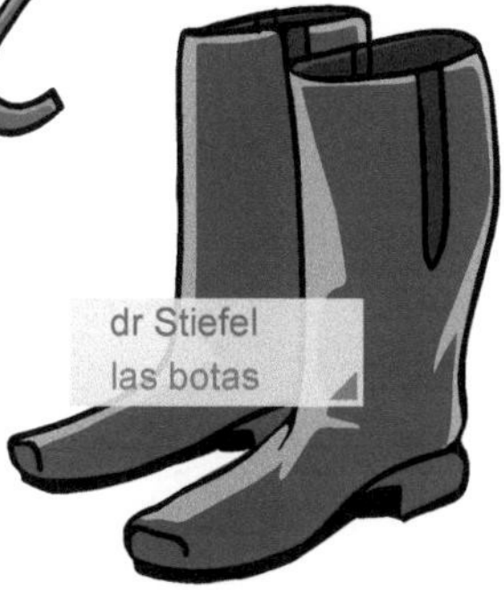

dr Stiefel
las botas

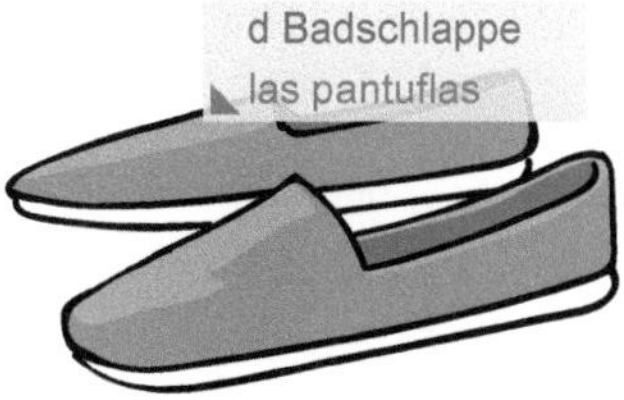

d Badschlappe
las pantuflas

d Sandalä
....
las sandalias

d Schueh
....
los zapatos

d Gummistiefel
....
las botas de goma

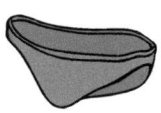

d Untrhosä
....
la ropa interior

dr BH
....
el corpiño

s Underlibli
....
el chaleco

dr Body

el body

d Hosä

los pantalones

d Jeans

los jeans

dr Rock

la pollera

d Bluse

la blusa

s Hömli

la camisa

dr Pulli

el pulóver

dr Kapuzepulli

el buzo

dr Blazer

el blazer

d Jacke

la campera

dr Mantel

el tapado

dr Rägämantel

el piloto

s Chostüm

el traje

s Chleid

el vestido

s Hochziitskleid

el vestido de novia

dr Ahzug

el traje

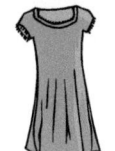

s Nachthömli

el camisón

s Pyjama

el pijama

dr Sari

el sari

s Chopftuäch

el pañuelo para la cabeza

dr Turban

el turbante

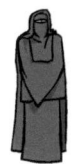

d Burka

la burka

dr Kaftan

el caftán

d Abaya

la abaya

s Badchleid

el traje de baño

d Badhose

el short de baño

d churzi Hosä

los shorts

dr Trainer

el jogging

d Schürze

el delantal

d Händsche

los guantes

dr Chnopf

el botón

d Brüllä

los anteojos

s Armband

la pulsera

d Chetti

el collar

dr Ring

el anillo

dr Ohrering

el aro

d Chappe

la gorra

dr Chleiderbügel

la percha

dr Huet

el sombrero

d Grawattä

la corbata

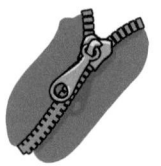

dr Riissverschluss

el cierre

dr Helm

el casco

dr Hosäträger

los tiradores

d Schueluniform

el uniforme escolar

d Uniform

el uniforme

s Lätzli

el babero

dr Nuggi

el chupete

d Windle

el pañal

dr Server
el servidor

dr Akteschrank
el archivero

dr Drucker
...ora

s Papier
el papel

dr Monitor
el monitor

d Muus
el mouse

d Taschtatur
...lado

dr Papierchorb
el tacho (de basura)

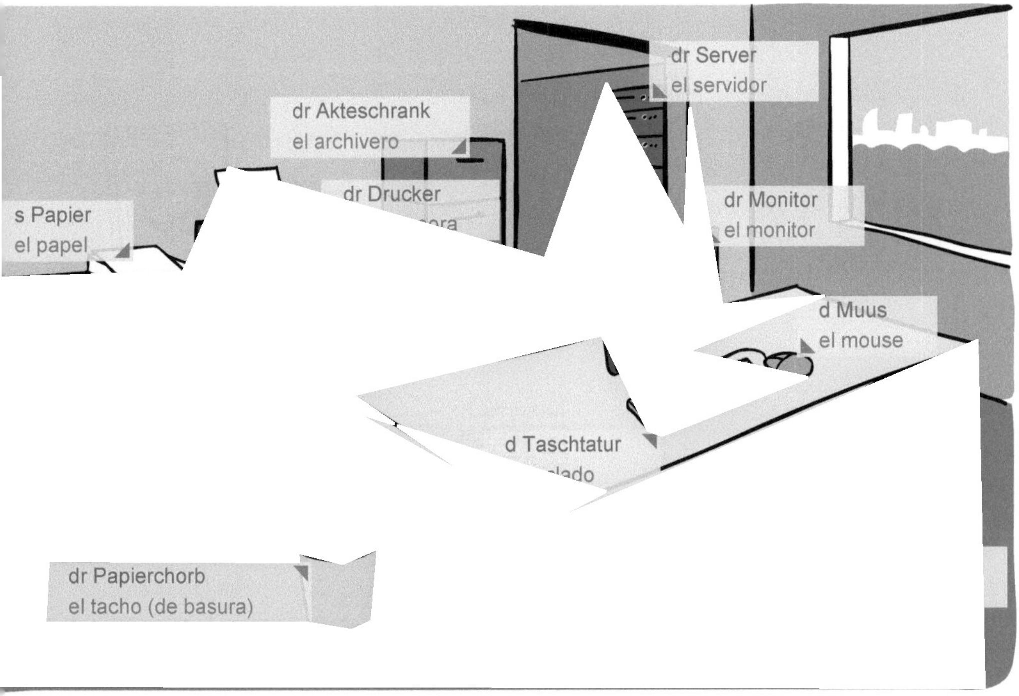

dr Kafibächer

la taza de café

dr Tascherächner

la calculadora

s Internet

el internet

dr Laptop

la laptop

dr Brief

la carta

d Nochricht

el mensaje

s Mobiltelefon

el celular

s Netzwärk

la red

dr Kopierer

la fotocopiadora

d Software

el software

s Telefon

el teléfono

d Steckdosä

el tomacorriente

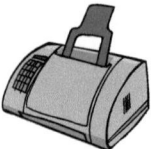

s Fax

el fax

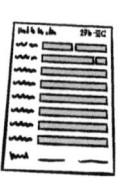

s Formular

el formulario

s Dokumänt

el documento

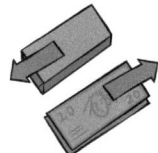

chaufe

comprar

zahle

pagar

handle

hacer negocios

s Gäld

el dinero

dr Dollar

el dólar

dr Euro

el euro

dr Yen

el yen

dr Rubel

el rublo

dr Frankä

el franco suizo

dr Renminbi Yuan

el yuan

d Rupie

la rupia

dr Gäldautomat

el cajero automático

d Wächselstube

la casa de cambio

s Gold

el oro

s Silber

la plata

s Öl

el petróleo

d Energie

la energía

dr Preis

el precio

dr Vertrag

el contrato

d Stüür

el impuesto

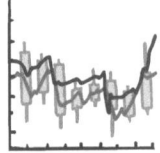

d Aktie

la acción

schaffe

trabajar

dr Mitarbeiter

el empleado

dr Arbeitgeber

el empleador

d Fabrik

la fábrica

s Gschäft

el negocio

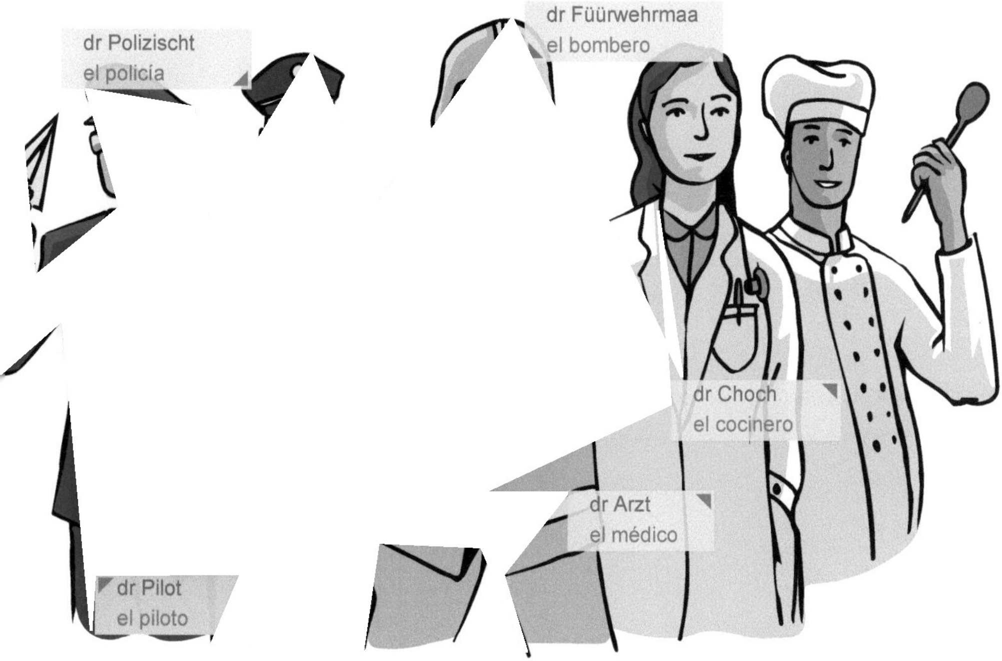

dr Polizischt
el policía

dr Füürwehrmaa
el bombero

dr Choch
el cocinero

dr Arzt
el médico

dr Pilot
el piloto

dr Gärtner

el jardinero

dr Zimmermah

el carpintero

d Näheri

la modista

dr Richter

el juez

dr Chemiker

el farmacéutico

dr Darsteller

el actor

dr Busfahrer

el colectivero

dr Taxifahrer

el taxista

dr Fischer

el pescador

d Putzfrau

la mucama

dr Dachdecker

el techista

dr Chällner

el mozo

dr Jäger

el cazador

dr Moler

el pintor

dr Bäcker

el panadero

dr Elektriker

el electricista

dr Bauarbeiter

el albañil

dr Ingenieur

el ingeniero

dr Schlachter

el carnicero

dr Klämpner

el plomero

dr Pöschtler

el cartero

dr Soldat

el soldado

dr Architekt

el arquitecto

dr Kassierer

el cajero

dr Florischt

el florista

dr Frisör

el peluquero

dr Kontrolleur

el cobrador

dr Mechaniker

el mecánico

dr Kapitän

el capitán

dr Zahnarzt

el dentista

dr Wüsseschaftler

el científico

dr Rabbi

el rabino

dr Imam

el imán

dr Mönch

el monje

dr Pfarrer

el sacerdote

las herramientas

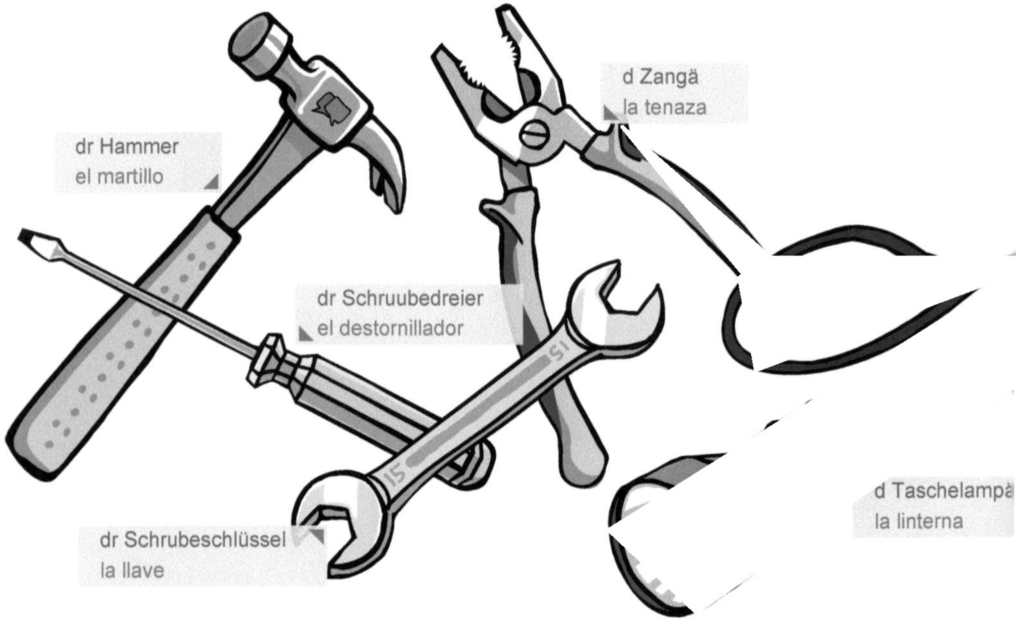
dr Hammer
el martillo
d Zangä
la tenaza
dr Schruubedreier
el destornillador
dr Schrubeschlüssel
la llave
d Taschelampä
la linterna

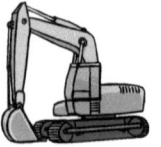

dr Bagger

la excavadora

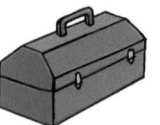

dr Werkzüügchaschte

la caja de herramientas

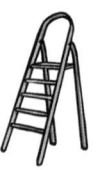

d Leitere

la escalera portátil

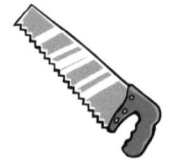

d Sagi

la sierra

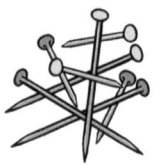

d Negel

los clavos

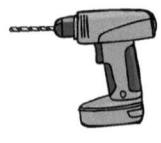

dr Bohrer

el taladro

flicke

arreglar

d Schufle

la pala de jardín

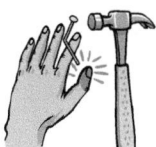

Mischt!

¡Qué bronca!

d Ascheschufle

la pala de plástico

dr Farbchübel

el tacho de pintura

d Schruube

los tornillos

los instrumentos musicales

dr Luutsprächer
el parlante

s Schlagzüüg
la batería

d Gitarre
la guitarra

dr Kontrabass
el contrabajo

d Trompetä
la trompeta

s Klavier

el piano

d Violine

el violín

dr Bass

el bajo

d Pauke

los timbales

d Trummle

el tambor

s Keyboard

el teclado

s Saxophon

el saxofón

d Flöte

la flauta

s Mikrofon

el micrófono

d Musiginstrumänt - los instrumentos musicales

dr Iigang
la entrada

dr Tiger
el tigre

dr Chäfig
la jaula

s Zebra
la cebra

s Tierfueter
el alimento para animales

dr Pandabär
el oso panda

d Tier

los animales

dr Elefant

el elefante

s Känguru

el canguro

s Nashorn

el rinoceronte

dr Gorilla

el gorila

dr Bär

el oso

s Kamel

el camello

dr Struss

el avestruz

dr Leu

el león

dr Aff

el mono

dr Flamingo

el flamenco

dr Papagei

el loro

dr Iisbär

el oso polar

dr Pinguin

el pingüino

dr Hai

el tiburón

dr Pfau

el pavo real

d Schlangä

la serpiente

s Krokodil

el cocodrilo

dr Zoowärter

el cuidador del zoológico

d Robbä

la foca

dr Jaguar

el jaguar

s Pony

el poni

dr Leopard

el leopardo

s Nilpfärd

el hipopótamo

d Giraff

la jirafa

dr Adler

el águila

s Wildschwein

el jabalí

dr Fisch

el pescado

d Schildkrot

la tortuga

s Walross

la morsa

dr Fuchs

el zorro

d Gazelle

la gacela

s American Football
el fútbol americano

s Velofahre
el ciclismo

s Tennis
el tenis

dr Basketball
el básquet

s Schwümmä
la natación

s Iishockey
el hockey sobre hielo

s Boxä
el boxeo

dr Fuessball
....
el fútbol

s Badminton
....
el bádminton

d Liechtathletik
....
el atletismo

dr Handball
....
el handball

s Skifahre
....
el esquí

s Polo
....
el polo

springä
saltar

umarme
abrazar

lachä
reír

singe
cantar

gah
caminar

bätte
rezar

küssä
besar

troime
soñar

schribe
escribir

zeichne
dibujar

zeige
mostrar

schiebe
presionar

gäh
dar

näh
tomar

händ
tener

mache
hacer

sy
ser

stah
estar parado

laufe
correr

zieh
tirar

rüerä
tirar

fallä
caer

ligge
estar acostado

warte
esperar

träge
llevar

sitze
estar sentado

ahzieh
vestirse

schlafe
dormir

ufwache
despertar

ahluege

mirar

brüele

llorar

striichle

acariciar

bürste

peinar

redä

hablar

verschtah

entender

froog

preguntar

lose

escuchar

trinke

beber

ässe

comer

ufruume

ordenar

liebe

amar

chochä

cocinar

fahre

manejar

flüge

volar

segle

navegar

rächne

calcular

läse

leer

leerä

aprender

schaffe

trabajar

hürate

casarse

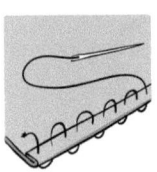

näije

coser

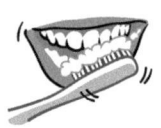

Zäh putze

cepillarse los dientes

töte

matar

schlootä

fumar

sände

enviar

d Aktivitäte - las actividades

Grossmuetter
abuela

dr Grossvater
el abuelo

dr Vatter
el padre

d Muetter
la madre

s Baby
el bebé

d Tochter
la hija

dr Sohn
el hijo

dr Gast

el invitado

d Tante

la tía

dr Unkel

el tío

dr Brüeder

el hermano

d Schwöschter

la hermana

d Familiä - la familia

el cuerpo

d Stirn
la frente
ds Aug
el ojo
d Schultere
el hombro
dr Fingär
el dedo
s Gsicht
la cara
s Chüni
la pera
d Hand
la mano
s Bei
la pierna
d Bruscht
el pecho
dr Arm
el brazo

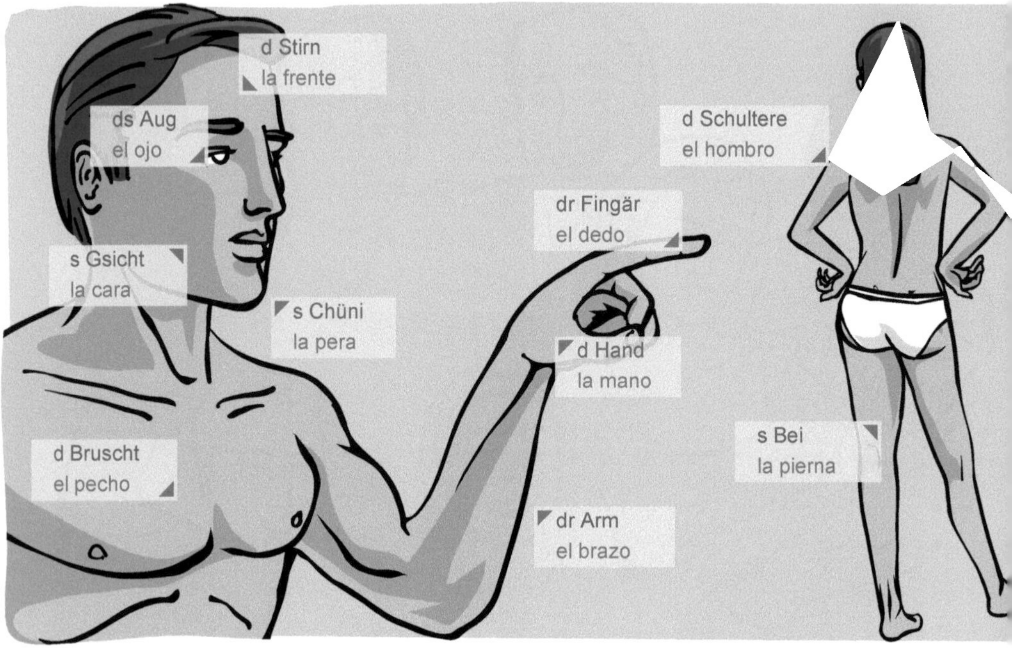

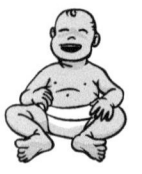

s Baby

el bebé

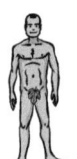

dr Mah

el hombre

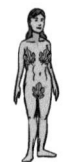

d Frau

la mujer

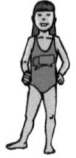

s Meitli

la nena

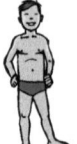

dr Bueb

el nene

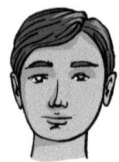

dr Chopf

la cabeza

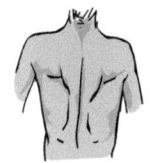

dr Ruggä

la espalda

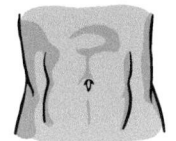

dr Buuch

la panza

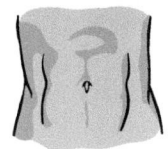

dr Buchnabel

el ombligo

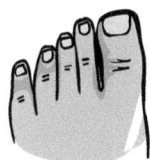

dr Zäche

el dedo del pie

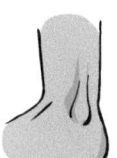

d Fersä

el talón

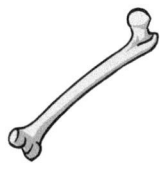

d Knoche

el hueso

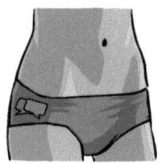

d Hüfte

la cadera

s Chnü

la rodilla

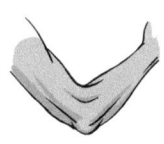

dr Ellbogä

el codo

d Nase

la nariz

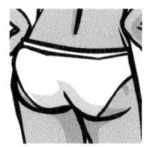

s Füdli

la cola

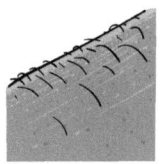

d Hut

la piel

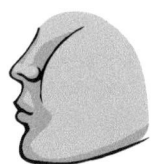

d Bagge

el cachete

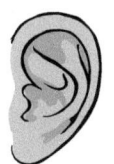

s Ohr

la oreja

d Lippe

el labio

s Muul

la boca

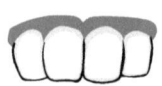

dr Zah

el diente

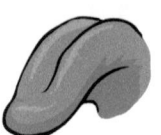

d Zungä

la lengua

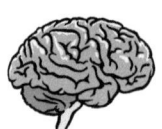

s Hirni

el cerebro

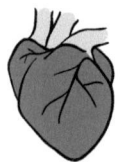

s Härz

el corazón

dr Muskel

el músculo

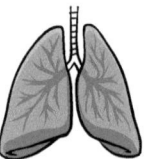

d Lungä

el pulmón

d Läberä

el hígado

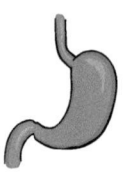

dr Magen

el estómago

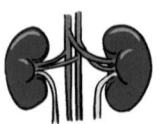

d Nierä

los riñones

dr Gschlächtsvrkehr

el sexo

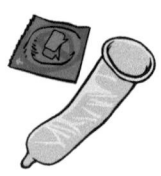

s Kondom

el preservativo

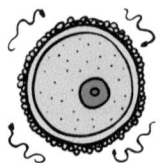

d Eizälle

el óvulo

dr Soome

el semen

d Schwangerschaft

el embarazo

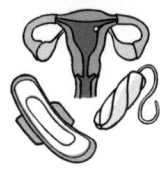

d Menstruation

la menstruación

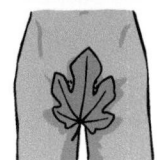

d Vagina

la vagina

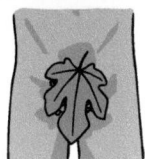

dr Penis

el pene

d Augebrauä

la ceja

s Haar

el pelo

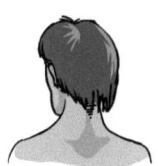

dr Hals

el cuello

el hospital

s Spital
el hospital
dr Chrankewage
la ambulancia
dr Rollstuehl
la silla de ruedas
dr Bruch
la fractura

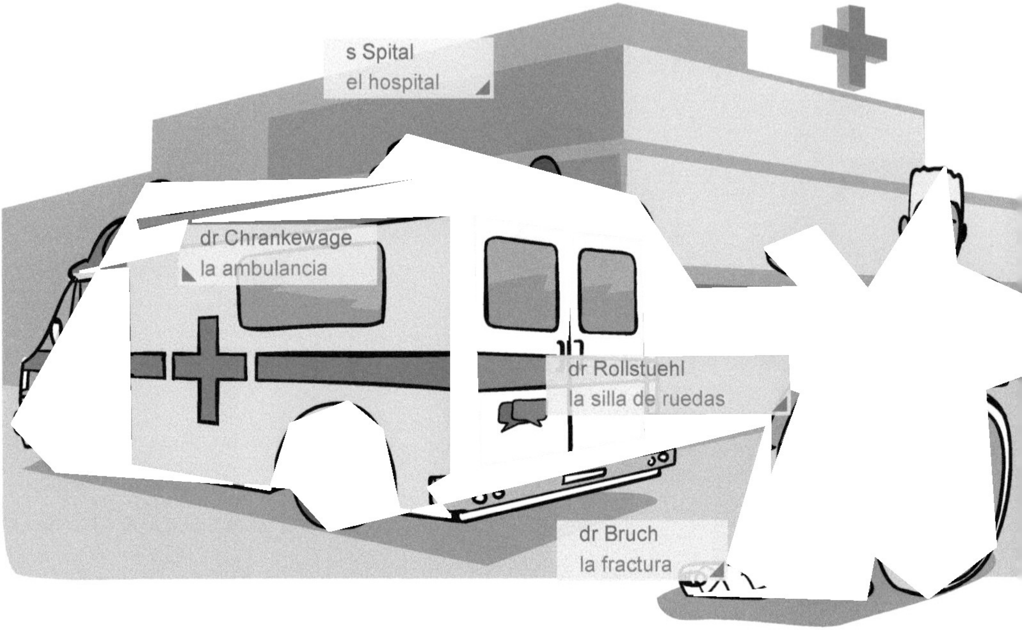

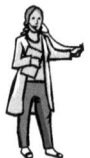

dr Arzt

el médico

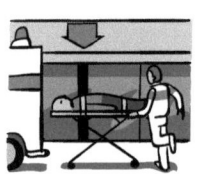

d Notufnahm

la sala de guardia

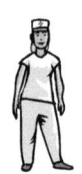

d Chrankeschwöschter

la enfermera

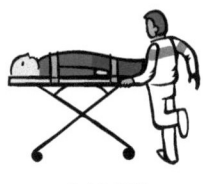

dr Notfall

la emergencia

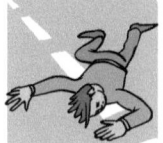

ohnmächtig

inconsciente

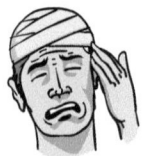

dr Schmärz

el dolor

d Verletzig

la lesión

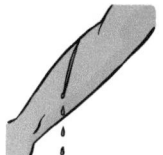

d Bluätig

la hemorragia

dr Härzinfarkt

el infarto

dr Schlagahfall

el ACV

d Allergie

la alergia

dr Hueschtä

la tos

s Fieber

la fiebre

d Grippe

la gripe

dr Durchfall

la diarrea

d Kopfschmärze

el dolor de cabeza

dr Kräbs

el cáncer

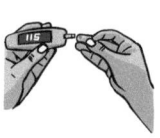

dr Diabetes

la diabetes

dr Chirurg

el cirujano

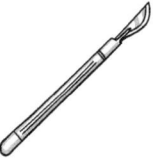

s Skalpell

el bisturí

d Operation

la operación

s CT

la TC

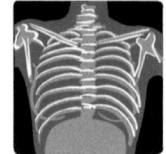

s Röntgä

los rayos x

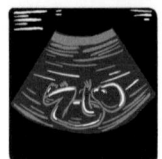

s Ultraschall

la ecografía

d Gsichtsmaske

el barbijo

d Krankhet

la enfermedad

s Wartezimmer

la sala de espera

d Krückä

la muleta

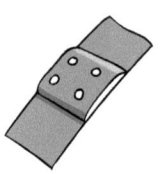

s Pflaster

la curita

dr Vrband

la venda

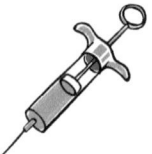

d Injektion

la inyección

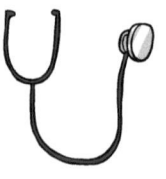

s Stethoskop

el estetoscopio

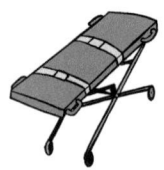

d Trage

la camilla

s Thermometer

el termómetro

d Geburt

el nacimiento

s Übergwicht

el sobrepeso

s Hörgrät
el audífono

s Desinfektionsmittel
el desinfectante

d Infektion
la infección

s Virus
el virus

s HIV / AIDS
el VIH / SIDA

d Medizin
el remedio

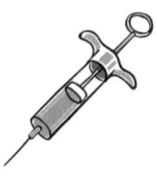

d Impfig
la vacunación

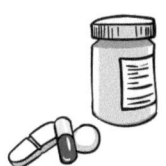

d Tablette
los comprimidos

d Pille
la pastilla anticonceptiva

dr Notruef
llamada de emergencia

s Bluetdruck-Mässgrät
el tensiómetro

chrank / gsund
enfermo / sano

Hiufe!

¡Ayuda!

dr Alarm

la alarma

dr Überfall

la agresión

dr Ahgriff

el ataque

d Gfohr

el peligro

dr Notuusgang

la salida de emergencia

Füür!

¡Fuego!

dr Füürlöscher

el matafuego

dr Unfall

el accidente

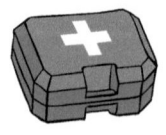

dr Ersti-Hilf-Koffer

el botiquín de primeros auxilios

SOS

el SOS

d Polizei

la policía

s Europa

Europa

s Nordamerika

América del Norte

s Südamerika

América del Sur

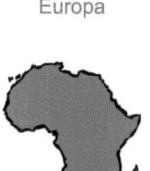

s Afrika

África

s Asie

Asia

s Auschtralie

Australia

dr Atlantik

el Atlántico

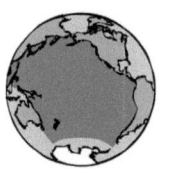

dr Pazifik

el Pacífico

dr Indische Ozean

el Océano Índico

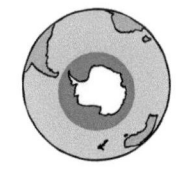

dr Antarktische Ozean

el Océano Antártico

dr Arktische Ozean

el Océano Ártico

dr Nordpol

el polo norte

dr Südpol
el polo sur

d Antarktis
la Antártida

d Ärde
la Tierra

s Land
la tierra

s Meer
el mar

d Inslä
la isla

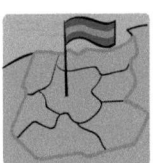

d Nation
la nación

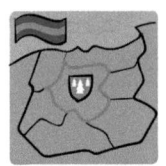

dr Staat
el estado

s Ziffereblatt
la esfera

dr Stundezeiger
la manecilla de las horas

dr Minutezeiger
el minutero

dr Sekundezeiger
el segundero

Wie spaht isch es?
¿Qué hora es?

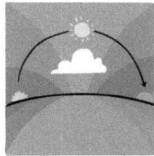

dr Tag
el día

d Zit
la hora

jetzt
ahora

d Digitaluhr
el reloj digital

d Minute
el minuto

d Stunde
la hora

d Uhr - el reloj

la semana

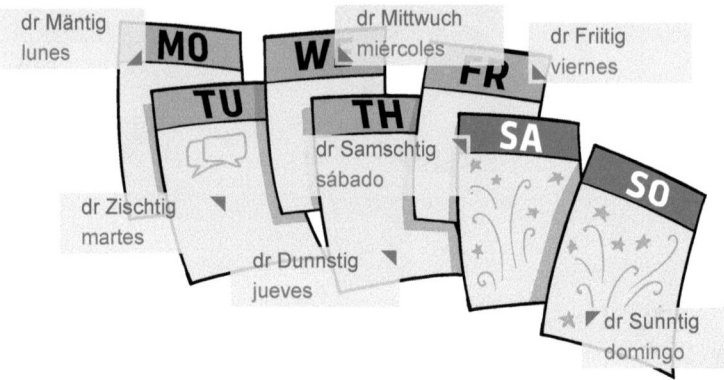

dr Mäntig / lunes
dr Mittwuch / miércoles
dr Friitig / viernes
dr Zischtig / martes
dr Samschtig / sábado
dr Dunnstig / jueves
dr Sunntig / domingo

geschter

ayer

hüt

hoy

morn

mañana

dr Morgä

la mañana

dr Mittag

el mediodía

dr Aabig

la tarde

d Wärktag

los días hábiles

s Wuchenänd

el fin de semana

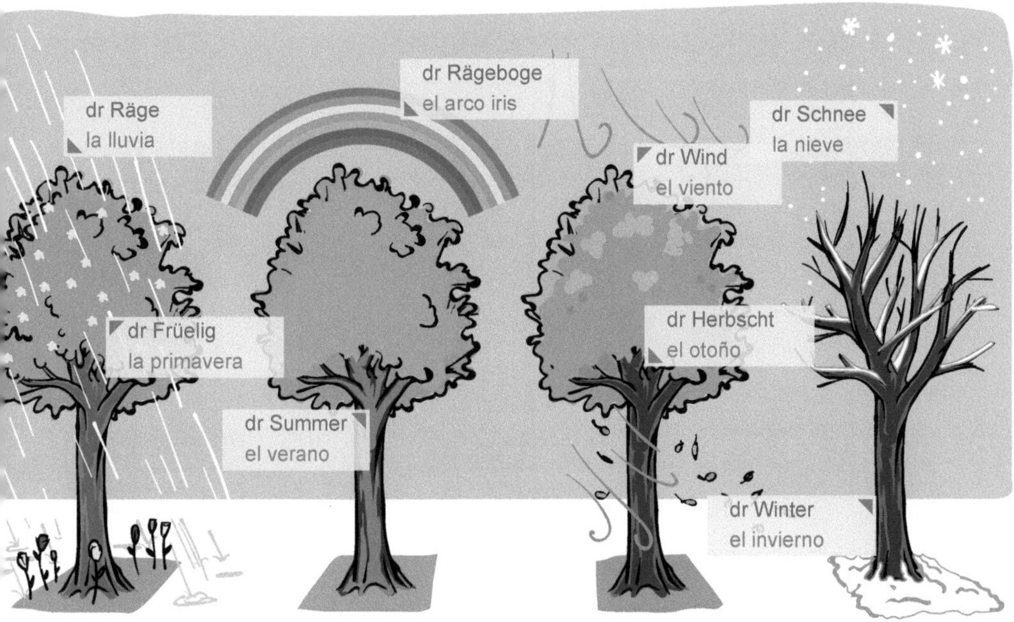

dr Räge
la lluvia
dr Rägeboge
el arco iris
dr Schnee
la nieve
dr Wind
el viento
dr Früelig
la primavera
dr Herbscht
el otoño
dr Summer
el verano
dr Winter
el invierno

4.APRIL 11°
5.APRIL 4°
6.APRIL 13°
7.APRIL 8°
8.APRIL 10°

d Wättervorhärsag

pronóstico meteorológico

F C
120 40
90 30
60 20
30 10
0 0
-30 -10
-20

s Thermometer

el termómetro

dr Sunneschiin

la luz del sol

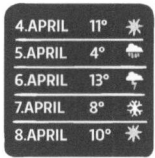

d Wolkä

la nube

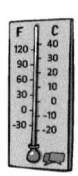

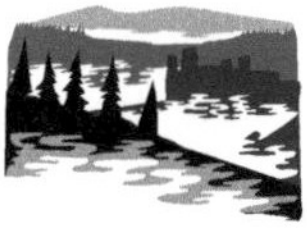

d Näbel

la niebla

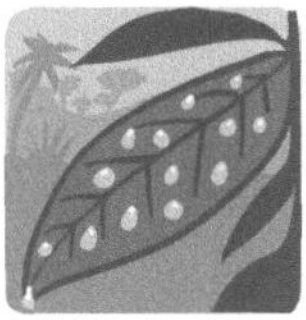

d Fiechtigkeit

la humedad

dr Blitz

el rayo

dr Dunner

el trueno

dr Sturm

la tormenta

d Hagel

el granizo

dr Monsun

el monzón

d Fluet

la inundación

s Iis

el hielo

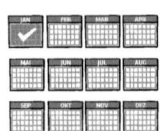

dr Januar

enero

dr Februar

febrero

dr März

marzo

dr April

abril

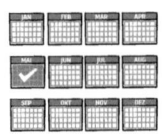

dr Mai

mayo

dr Juni

junio

dr Juli

julio

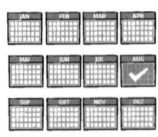

dr Auguscht

agosto

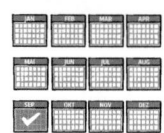

dr Septämber
....
septiembre

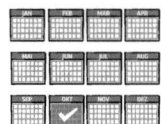

dr Oktober
....
octubre

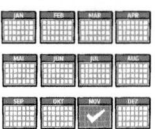

dr Novämber
....
noviembre

dr Dezämber
....
diciembre

las formas

dr Kreis
....
el círculo

s Quadrat
....
el cuadrado

s Rächteck
....
el rectángulo

s Dreieck
....
el triángulo

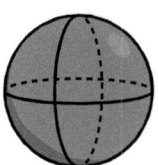

d Chugele
....
la esfera

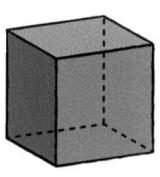

dr Würfel
....
el cubo

wiss

blanco

gäl

amarillo

orange

naranja

pink

rosa

rot

rojo

liila

violeta

blau

azul

grüen

verde

bruun

marrón

grau

gris

schwarz

negro

viel / wenig

mucho / poco

hässig / ruhig

enojado / tranquilo

hübsch / hässlich

lindo / feo

dr Ahfang / s Ändi

el principio / el fin

gross / chli

grande / chico

hell / dunkel

claro / oscuro

Brüeder / d Schwöschter

el hermano / la hermana

suuber / dräckig

limpio / sucio

vollständig / unvollständig

completo / incompleto

dr Tag / d Nacht

el día / la noche

tot / läbig

muerto / vivo

breit / schmal

ancho / angosto

ässbar / nid ässbar

comestible / no comestible

bös / fründlich

malo / amable

uffreggt / glangwilt

entusiasmado / aburrido

dick / dünn

gordo / flaco

zerscht / zletscht

primero / último

dr Fründ / dr Find

el amigo / el enemigo

voll / läär

lleno / vacío

hart / weich

duro / blando

schwer / liecht

pesado / liviano

dr Hunger / dr Durscht

el hambre / la sed

chrank / gsund

enfermo / sano

illegal / legal

ilegal / legal

intelligänt / gatz

inteligente / estúpido

links / rächts

izquierda / derecha

nöch / wiit weg

cerca / lejos

neu / bruucht

nuevo / usado

nüt / öpis

nada / algo

alt / jung

viejo / joven

ah / uss

encendido / apagado

offe / zue

abierto / cerrado

lislig / luut

silencioso / ruidoso

riich / arm

rico / pobre

richtig / falsch

correcto / incorrecto

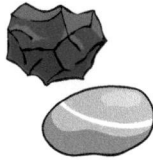

rau / glatt

áspero / suave

truurig / glücklich

triste / contento

churz / lang

corto / largo

langsam / schnäll

lento / rápido

nass / trochä

mojado / seco

warm / chalt

caliente / frío

dr Chrieg / dr Friede

guerra / paz

0	**1**	**2**
Null	eis	zwei
cero	uno	dos

3	**4**	**5**
drü	vier	foif
tres	cuatro	cinco

6	**7**	**8**
sächs	sibe	acht
seis	siete	ocho

9	**10**	**11**
nün	zäh	elf
nueve	diez	once

12
zwölf
doce

13
drizäh
trece

14
vierzäh
catorce

15
füfzäh
quince

16
sächzäh
dieciséis

17
siebzäh
diecisiete

18
achtzäh
dieciocho

19
nünzäh
diecinueve

20
zwänzg
veinte

100
Hundert
cien

1.000
Tuusig
mil

1.000.000
Million
el millón

Änglisch
el inglés

Amerikanischs Änglisch
el inglés americano

Chinesisch Mandarin
el chino mandarín

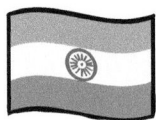

Hindi
el hindi

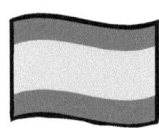

Spanisch
el español

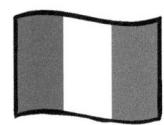

Französisch
el francés

Arabisch
el árabe

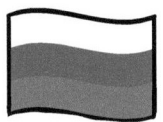

Russisch
el ruso

Portugiesisch
el portugués

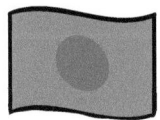

Bengalisch
el bengalí

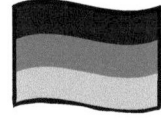

Dütsch
el alemán

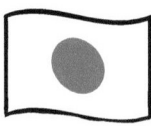

Japanisch
el japonés

ich

yo

du

vos

är / sie / es

él / ella

mir

nosotros

ihr

ustedes

sie

ellos

wär?

¿quién?

was?

¿qué?

wie?

¿cómo?

wo?

¿dónde?

wänn?

¿cuándo?

Name

el nombre

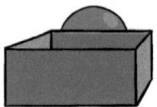

hinder
....
detrás

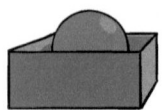

in
....
en

vor
....
adelante de

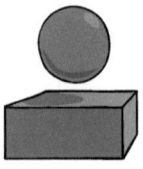

über
....
por encima de

uf
....
sobre

under
....
debajo de

näbe
....
al lado de

zwüsche
....
entre

dr Ort
....
el lugar